Création et conception de : David Salariya

Techniparc - 5, rue d'Alembert
91240 Saint-Michel-sur-Orge – France
Dépôt légal : 1er trimestre 2008
Loi n°49-956 du 16 juillet 1949
sur les publications destinées à la jeunesse.
Imprimé en Chine

Le Château-fort

Chronique d'un siège

Derek Farmer

Illustrations de Mark Bergin

Table des matières

Introduction

Ce livre relate la véritable histoire du siège de Château-Gaillard, puissant château fort de Normandie, en France, dont on peut voir encore aujourd'hui les ruines impressionnantes.

La construction du château fort a commencé en 1197 par un célèbre croisé, le roi Richard 1er d'Angleterre (dit Richard Cœur de Lion) pour défendre ses terres de Normandie. Richard était duc de Normandie et mais aussi roi d'Angleterre.

Après la mort de Richard en 1199, le château fort est revenu à son frère, le roi Jean. Mais il fut obligé de conclure un accord avec le roi de France, Philippe II (dit Philippe Auguste) : si Jean désobéissait au roi de France, il perdrait ses terres normandes. Ces accords ont duré jusqu'au jour où des barons de Philippe Auguste se sont querellés avec Jean. Ils lui reprochaient d'avoir épousé la reine Isabelle alors qu'elle s'était déjà engagée à un seigneur français. Philippe Auguste a demandé à Jean de venir se justifier de ces accusations mais Jean s'y est refusé. Le roi de France s'est alors mis en route pour prendre Château-Gaillard et s'emparer de toute la Normandie.

Le château fort

La plupart des châteaux forts du Moyen Âge ont été construits par des rois ou des riches seigneurs.

Le baron Roger de Lascy commandait alors Château-Gaillard. S'il avait tenu un journal du siège, voici à peu près ce qu'il aurait écrit :

Le 29 Août de l'an de grâce 1203

Les Français sont en marche. Mes espions m'annoncent que le roi Philippe Auguste arrivera dans la semaine. J'ai environ 300 combattants ; les Français en ont au moins quinze fois plus. Si nous les affrontons sur le champ de bataille, nous serons taillés en pièces. Notre seul espoir est de les combattre de l'intérieur du château. Mes hommes fouillent le pays pour trouver la nourriture et les armes nécessaires pour tenir. Les ordres du roi Jean sont de défendre le château coûte que coûte. Je supplie Dieu de nous donner la force de tenir jusqu'à la victoire.

Guerre et paix

En temps de paix, les tours du château fort et le rempart étaient un signe de puissance. Les gens étaient persuadés que le roi ou le seigneur surveillait lui-même tout ce qui se passait sur ses terres. En temps de guerre, le château fort était un abri sûr pour les villageois qui habitaient autour ainsi que pour les fidèles serviteurs ou défenseurs du seigneur.

Bâti pour durer

Les murs d'enceinte intérieurs étaient de forme unique composés de 19 éléments incurvés. Ils n'avaient aucun angle aigu susceptible d'être endommagé par les machines de siège. De plus, à l'intérieur, ils donnaient un bon champ de tir aux archers. Le château fort avait deux puits. Celui près du donjon faisait plus de 100 mètres de profondeur.

La vie au château fort

Les châteaux forts n'étaient pas seulement des forteresses conçues pour la défense ou l'attaque. C'étaient aussi des lieux où de nombreuses personnes vivaient et travaillaient. Ces demeures appartenaient à de puissants seigneurs ainsi qu'à des rois et des reines. Protégés par l'épaisseur des murs et des tours, ils jouissaient de tout le confort de cette époque.

Hygiène médiévale

Les gens faisaient de leur mieux pour rester propres. Par exemple, nous savons qu'ils se lavaient toujours les mains avant les repas. Mais l'effort qu'il fallait faire pour tirer l'eau du puits et la chauffer nous laisse penser que même les maîtres du château prenaient rarement de bains.

Le 10 septembre de l'an de grâce 1203

Maudit soit le jour où le roi Jean a confié au misérable comte de Pembroke l'armée qui devait venir à notre secours !

Les ordres étaient de frapper les Français de deux côtés à la fois. Un contingent devait attaquer par voie de terre tandis que l'autre remonterait le fleuve et attaquerait par l'arrière. Mais au moment où les bateaux anglais arrivaient, les Français avaient déjà vaincu les forces de terre. Alors, leurs soldats se sont retournés sur les forces venues par le fleuve et les ont repoussées.

Maintenant, il nous faudra attendre des semaines, si ce n'est des mois, avant que le roi Jean nous vienne en aide une seconde fois.

Tenir la forteresse

Quand Château-Gaillard a été assiégé, son propriétaire, le roi Jean, n'était pas sur place. Il se trouvait à Rouen, capitale de la Normandie, à environ 40 km de là. En ce temps, les rois avaient pour habitude de se déplacer pour visiter les différentes parties de leur royaume. Quand le seigneur d'un château était absent, un lieutenant fidèle restait sur place avec une garnison de soldats.
Un château ne devait jamais rester sans défense !
Le roi Jean a confié la garde de Château-Gaillard au comte de Chester, Roger de Lascy et n'y est jamais revenu.

La nourriture au château fort

Volailles

On gardait les poules et les oies pour avoir leurs œufs. Mais si elles ne pondaient plus, on les faisait cuire puis on les mangeait.

Les gens qui vivaient et travaillaient au château devaient se nourrir. En temps de paix, la plupart de leurs vivres provenaient des champs et des villages alentour. Mais en cas de siège, la nourriture fraîche ne pouvait venir que de l'enceinte du château. Beaucoup d'entre eux possédaient des potagers où des légumes et des herbes aromatiques poussaient. Certains avaient des vergers, voire même des vignes, approvisionnant les habitants de fruits frais.

Le lit du seigneur

Après ses chevaux et son armure, le lit du seigneur était généralement son bien le plus précieux. C'était un meuble richement décoré très coûteux.

Une habitation confortable

Les pièces d'habitation du château n'étaient pas des salles vides aux murs de pierre nus comme on peut le voir aujourd'hui. De précieuses tapisseries étaient tendues sur les murs enduits de chaux ou de plâtre.

Claies et torchis

Les constructions courantes avaient des charpentes de chêne. Les murs étaient faits de claies que l'on posait à la verticale et qu'on enduisait de torchis. Les claies sont un assemblage de branches et de lattes de bois en chêne. Le torchis est un mélange de plâtre d'argile et de paille, parfois de chaux ou de bouse de vache. Il rend le mur pratiquement imperméable.

Quelques semaines plus tard

Nouvelle déception ! On nous fait savoir que le roi Jean ne peut pas nous envoyer d'autres troupes pour repousser les Français. Il aurait des batailles plus importantes à livrer ailleurs. La seule chose qui nous reste à faire est de nous asseoir et attendre.
Le roi Philippe Auguste a sans doute compris que Château-Gaillard est trop puissant pour pouvoir être pris par la force. Sa seule chance est de nous affamer pour que nous nous rendions. Mais nous avons des jardins et du bétail à l'intérieur de nos murs, et des provisions de nourriture qui dureront des mois. Mon seul souci, ce sont les paysans du village qui ont trouvé refuge ici. Nous ne pouvons pas les nourrir. C'est grave. Je dois agir avant qu'il ne soit trop tard.

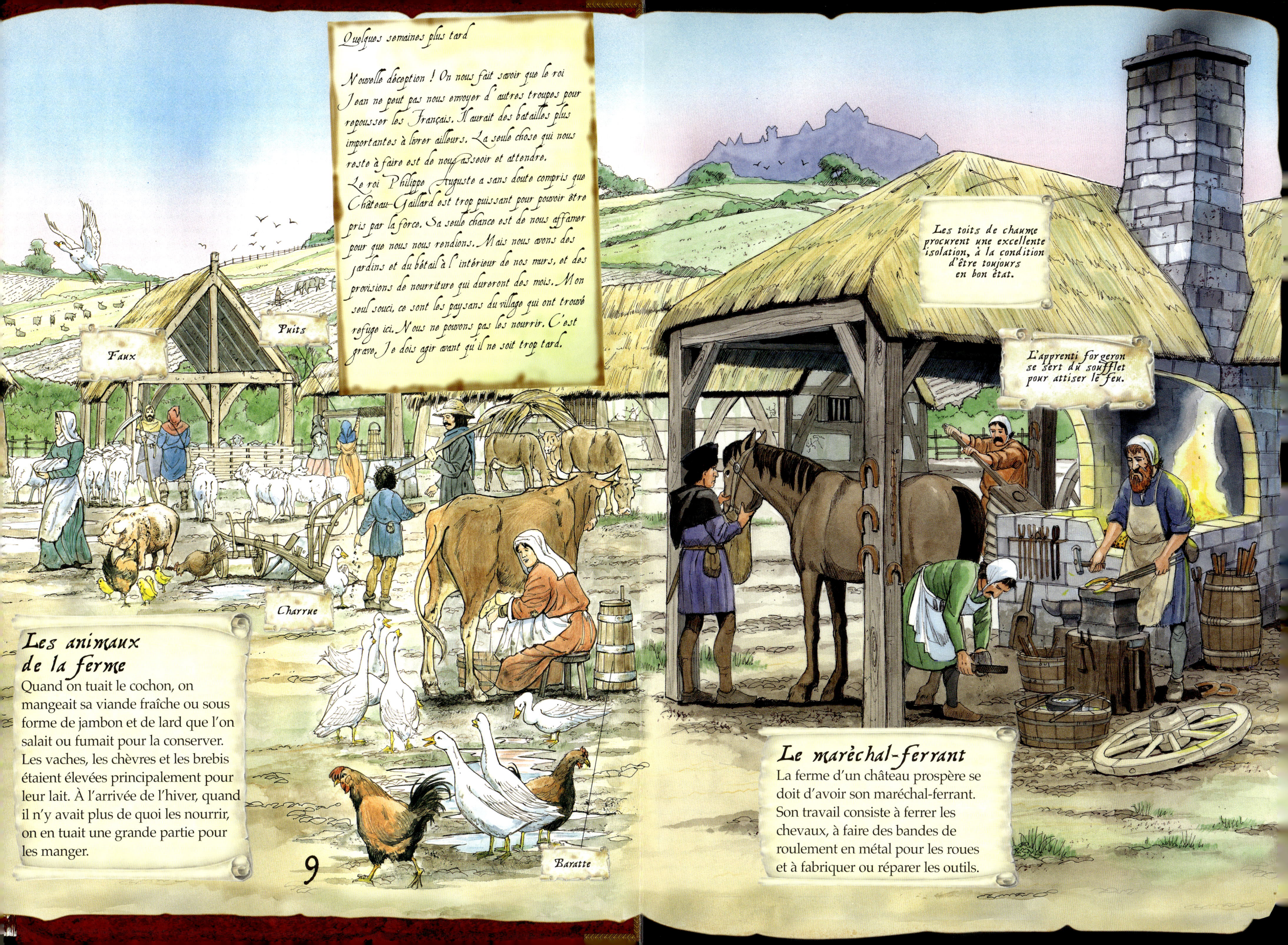

Les animaux de la ferme

Quand on tuait le cochon, on mangeait sa viande fraîche ou sous forme de jambon et de lard que l'on salait ou fumait pour la conserver. Les vaches, les chèvres et les brebis étaient élevées principalement pour leur lait. À l'arrivée de l'hiver, quand il n'y avait plus de quoi les nourrir, on en tuait une grande partie pour les manger.

Le maréchal-ferrant

La ferme d'un château prospère se doit d'avoir son maréchal-ferrant. Son travail consiste à ferrer les chevaux, à faire des bandes de roulement en métal pour les roues et à fabriquer ou réparer les outils.

Chasse à courre et au faucon

Les nobles aimaient chasser pour se nourrir et s'amuser. Ils débusquaient les cerfs et les sangliers grâce au flair de leurs chiens. Pour le petit gibier, ils utilisaient des faucons ou autres rapaces spécialement entraînés. Ce style de chasse, appelé la fauconnerie, était aussi pratiqué par les dames. Quand les rapaces ne chassaient pas, on leur couvrait la tête avec des capuchons de cuir pour qu'ils se tiennent tranquilles.

Les ressources du château

Au début du siège, les habitants du château mangeaient convenablement. Les magasins et les celliers regorgeaient de grain et de farine pour faire du pain frais. La cour du château grouillait d'animaux domestiques donnant du lait, de la viande et des œufs. Et, pendant l'été, des légumes et des fruits poussaient dans les potagers et les vergers.

Viande salée ou fumée

La façon la plus efficace pour conserver la viande pendant l'hiver était de la saler ou de la fumer. Le sel ou la chaleur l'assèche en absorbant toute l'humidité qu'elle contient.

Le 10 octobre de l'an de grâce 1203

Voilà maintenant plus d'un mois que nous sommes assiégés. Jusque-là, nous avons repoussé toutes les attaques des Français, mais ils ont coupé tout ravitaillement. Désormais, il nous faudra économiser autant de nourriture que possible. C'est pourquoi, aujourd'hui, j'ai ordonné que presque tous les paysans du village qui s'étaient réfugiés ici quittent le château. Ils craignaient que les Français les tuent – mais à ma grande surprise, leurs hommes d'armes les ont laissé passer. Ce sera un hiver long et dur pour eux, mais que faire d'autre ?

Les Français ont creusé une tranchée tout autour du château. Maintenant, ils ont l'air de construire des tours de siège pour nous attaquer. Mais le château est puissant et nous les tenons à notre merci.

Menu médiéval

En temps de paix, les nobles mangeaient essentiellement de la viande, y compris le gibier qu'ils avaient chassé eux-mêmes. Les pauvres subsistaient en se nourrissant des produits céréaliers : pain, bouillie d'avoine et bière légère.

Les denrées se raréfient

Quand le siège durait trop longtemps, le travail du cuisinier devenait plus difficile car, en ce temps, ils ne savaient pas bien conserver la nourriture fraîche. Le beurre et le fromage se conservaient bien, même si souvent le fromage devenait très dur à couper. Les fruits et les légumes étaient macérés dans du vinaigre ou étaient séchés pour être consommés deux semaines après leur cueillette. La viande était fumée ou salée mais il lui arrivait de pourrir. C'est pourquoi les cuisiniers relevaient leurs plats avec des épices et des herbes fortes pour masquer tout mauvais goût. Parfois, quand il n'y avait plus de vivres, les assiégés n'avaient plus rien d'autre à manger que du pain moisi, des rats ou du cuir bouilli.

Les pauvres pendant la guerre

Beaucoup de châteaux avaient un village avoisinant. Les personnes qui y vivaient cultivaient des plantes ou élevaient du bétail pour nourrir les habitants du château. Ces gens s'appelaient des serfs : ils avaient peu de droits et appartenaient souvent au seigneur local. En retour, le devoir du seigneur était de les protéger en cas de danger.

Le sort des paysans

Les pauvres étaient les premiers à souffrir ! En temps de guerre, les soldats attaquaient souvent les villages et les villes, pillant la nourriture et tout ce qui pouvait avoir de la valeur. Les maisons étaient fréquemment dévastées voire brûlées. Les villageois ne pouvaient pas se défendre et se réfugiaient sur les terres du château.
Mais nourrir des centaines de paysans signifiait que les vivres du château s'amenuiseraient beaucoup plus vite. C'est pourquoi, si le siège durait trop longtemps, on les expulsait de l'enceinte du château – comme l'a fait Roger de Lascy. Il les a qualifié de « bouches inutiles ».

Le 3 décembre de l'an de grâce 1203

Le siège dure depuis trois mois, et plus nous nous enfonçons dans l'hiver, plus nos réserves de nourriture diminuent. Il y a quelques semaines, j'ai renvoyé du château les paysans qui restaient. Cette fois, les Français ne les ont pas laissés passer. Ils les ont ramenés aux portes du château, mais je n'ose pas les laisser revenir. Nous ne pouvons pas nous permettre de nourrir des bouches inutiles. Les pauvres diables étaient coincés entre les Français et nous. Ils n'avaient ni nourriture, ni eau, ni abri contre le gel de l'hiver. C'est seulement après qu'un bon nombre d'entre eux soient morts de faim et de froid que le roi Philippe les a laissés passer.

Bien que je doute qu'ils aient encore un endroit où aller car leurs maisons ont été probablement incendiées.

Les hommes d'armes pillent le village sous le château.

Ceux qui résistent sont exécutés.

La vie du paysan

La vie rurale au Moyen Âge était très dure. Les paysans travaillaient tous les jours aux champs pour pouvoir rester en vie. Une part de leurs récoltes revenait au maître du château comme redevance, prix qu'il fallait payer pour avoir le droit de travailler sur ses terres.

Pris entre deux feux

Si les assaillants ne voulaient pas laisser passer les hommes, femmes et enfants renvoyés du château, ils se retrouvaient pris au piège sans nourriture ni abri. Leur seul espoir de rester en vie était d'être pris finalement en pitié par l'un ou l'autre des partis, ce qui était assez rare.

Les combattants

Il y avait très peu de soldats de carrière au Moyen Âge. Les rois et les seigneurs disposaient d'une petite troupe pour les protéger. Chaque château avait une garnison de soldats entraînés pour contrer les attaques surprises de l'ennemi. C'est seulement en temps de guerre qu'on recrutait des hommes pour faire de grandes armées.

Départ de la maison pour devenir chevalier

Archer

Chevaliers et piétaille

Les chevaliers étaient les combattants d'élite des armées médiévales. Ils étaient très habiles avec les armes, portaient une armure et se battaient à cheval avec bravoure. Ils étaient très bien entraînés et passaient beaucoup de temps à s'exercer au combat. Les archers étaient également très compétents, mais comme les soldats de pied (appelés la piétaille), on ne faisait appel à eux qu'en cas de besoin.
En temps de paix, c'étaient des paysans qui travaillaient la terre. Il fallait que leurs champs soient labourés, leurs graines semées et leurs moissons récoltées. Sinon, les gens mouraient de faim. Parfois, les assaillants levaient le siège uniquement pour retourner travailler dans les champs.

Les chevaliers étaient issus de familles nobles et s'entraînaient au combat depuis leur tendre enfance. Ils commençaient leur apprentissage avec des épées et des boucliers en bois.

L'armure d'un chevalier était confectionnée sur mesure par un armurier hautement qualifié. Elle coûtait très cher.

L'attaque et la défense

Les assaillants ne pouvaient pas garder le siège longtemps. Quand les assiégés étaient suffisamment affaiblis par la faim et les maladies, les attaquants donnaient enfin l'assaut pour s'emparer du château. C'est ce qu'a fait Philippe Auguste à Château-Gaillard, après un siège qui a duré plus d'un hiver. D'ailleurs, les armées médiévales combattaient rarement l'hiver car les conditions étaient très difficiles à supporter pour les attaquants.

Février de l'an de grâce 1204

La bataille finale de Château-Gaillard a commencé. Tôt ce matin, les Français sont montés à l'assaut du rempart. Leurs archers ont décoché des flèches par centaines pour nous déloger des créneaux. Couverts par leurs flèches, leurs hommes d'armes ont avancé les tours de siège et d'autres machines sur le terrain qu'ils avaient aplani les semaines précédentes. Sans se soucier de leur vie, mes archers leur ont tiré dessus et beaucoup de Français sont morts. Mais à la fin de la journée, leurs tours étaient en place et leurs machines prêtes à tirer. Il nous reste seulement à espérer que la solidité de nos puissantes murailles soit la plus forte.

Franchir les murs

La technique la plus simple pour franchir les remparts était d'y poser de longues échelles que les assaillants tentaient de gravir. Mais il était facile pour les assiégés de les bombarder de projectiles ou de repousser les échelles des murs. Alors, la tour de siège était bien plus efficace. Les attaquants construisaient cette haute plate-forme sur place. Ils la rapprochaient des douves et, en haut, ils pouvaient atteindre les créneaux grâce à un pont mobile en bois.

Les archers chevronnés pouvaient décocher plus de dix flèches à la minute. Une flèche bien ajustée pouvait tuer un homme à près de 90 mètres.

Le bombardement

Le rempart du château pouvait atteindre plusieurs mètres d'épaisseur. Le détruire n'était pas chose facile mais c'était le seul moyen pour pénétrer dans le château. Avant l'invention des canons, les ingénieurs militaires ont créé des engins de siège géants. C'étaient des machines en bois et de cordage qui lançaient des projectiles à une distance surprenante. Les plus courants, dont le trébuchet et la baliste, catapultaient de lourdes pierres. Les assaillants s'en servaient pour bombarder le rempart qui s'effritait petit à petit jusqu'à ce qu'une partie s'écroule.

Une semaine plus tard

Voilà six jours que les Français bombardent de pierres notre rempart avec leurs engins de siège. Mais, en dépit de tous leurs efforts, pas la moindre fissure n'est apparue. En revanche, cet après-midi, ils ont chargé l'un de leurs engins avec les cadavres putréfiés de deux chevaux. Ils les ont jetés par-dessus l'enceinte extérieure de la basse-cour. Peut-être ont-ils enfin compris qu'ils perdaient leur temps à vouloir démolir nos murs, et espèrent-ils nous infecter de quelque horrible maladie avec ces chevaux morts. Cela échouera également, j'ai confiance. Encore quelques semaines, et ils s'inclineront et s'en iront – si tant est que nous puissions tenir jusque-là.

Le trébuchet à flèches

Le trébuchet à flèches pouvait envoyer une énorme flèche à plus de 200 mètres. Ces flèches font de terribles dégâts – les hourds, par exemple, ne résiste pas.

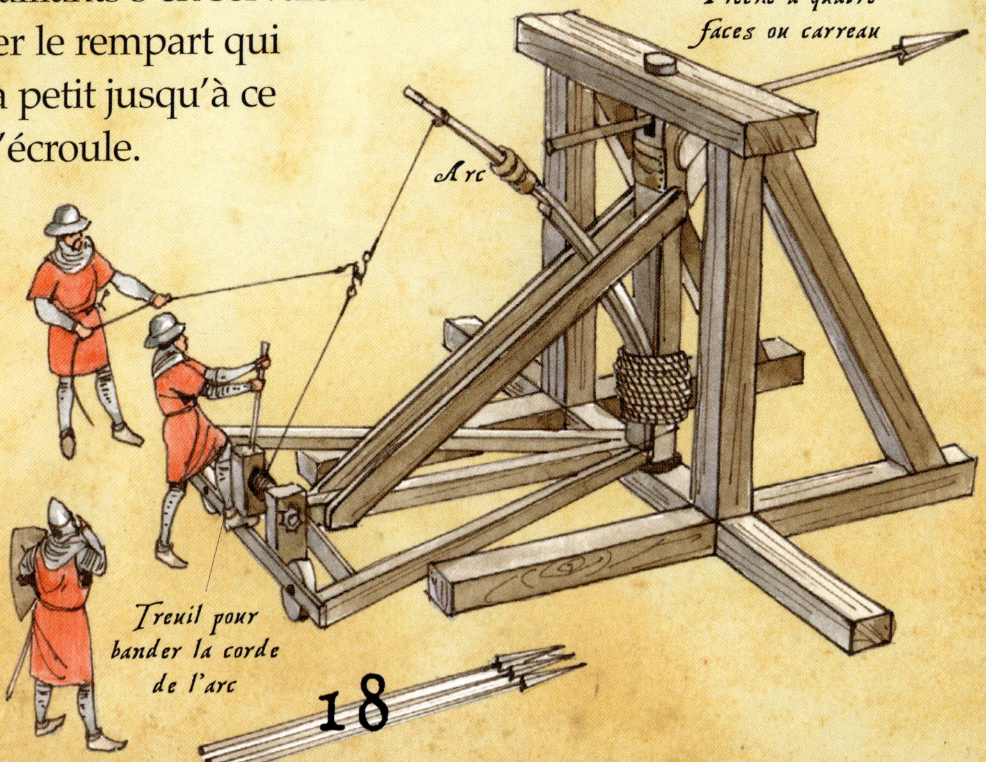

La baliste

La baliste a été inventée par les Grecs de l'Antiquité. Une pierre de plus de 25 kg était chargée dans la cuillère. Elle était tirée vers l'arrière puis relâchée, catapultant le projectile à plus de 400 mètres.

Parfois, on catapultait des animaux morts à l'intérieur du château pour y répandre des maladies. On en faisait autant avec les têtes ou les cadavres de prisonniers, avertissement donné aux assiégés de se rendre au plus vite.

Une corde solide, faite avec des tendons tordus d'animaux assurait la puissance de la baliste

Le trébuchet

Cet engin était un gigantesque lance-pierre.

Le bout de la verge était tiré vers l'arrière par un treuil puis on chargeait une pierre dans la poche de la fronde. Quand on relâchait la verge, le contrepoids (caisse de pierres à l'autre extrémité) la propulsait et projetait la pierre dans les airs.

La sape du rempart

Après des semaines de bombardements, le rempart du château pouvait encore résister. C'est pourquoi les assaillants creusaient des tunnels en dessous de la muraille pour essayer d'en faire tomber une partie. Cette manœuvre s'appelle la sape. Philippe Auguste a décidé d'employer cette méthode sur le bastion avancé, c'est-à-dire la grosse tour située à l'écart qui gardait l'entrée de Château-Gaillard.

Deux jours plus tard

Je ne l'aurais jamais cru possible. Aujourd'hui, une partie du rempart du bastion extérieur s'est effondrée. Les sapeurs français ont creusé une galerie dessous en secret. Hier, ils ont mis le feu aux étais de bois qui la soutiennent. Le rempart a tenu bon tout de même. Mais ce matin, leurs machines de siège ont lancé sur le mur ébranlé un boulet après l'autre, et à la fin il s'est écroulé. Avant que les Français se ruent par-dessus les décombres, j'ai donné l'ordre de mettre le feu à tout ce qui se trouvait dans le bastion extérieur. Dans la fumée et la confusion, nous avons battu en retraite vers la basse-cour du château principal. Ses murs sont plus hauts et plus solides, et nous devrions y être en sécurité. Nous avons perdu une bataille, mais je sais que nous gagnerons la guerre.

Les sapeurs

Les soldats qui creusaient ces galeries s'appelaient des sapeurs. En temps de paix, c'étaient des hommes qui travaillaient dans des mines de plomb ou d'or. Tout travail de sape était dangereux car le plafond du tunnel pouvait facilement s'effondrer et ensevelir tous les sapeurs. Mais, un autre danger, bien plus grand, pouvait les attendre : les assiégés inondaient la galerie pour les noyer ou creusaient un tunnel de leur côté (une contre-mine) pour se battre et les tuer.

Munitions

Les flèches étaient faites de différentes formes, de la pointe simple jusqu'à la tête large avec deux ou quatre barbes. Certaines étaient durcies spécialement pour percer les cottes de maille.

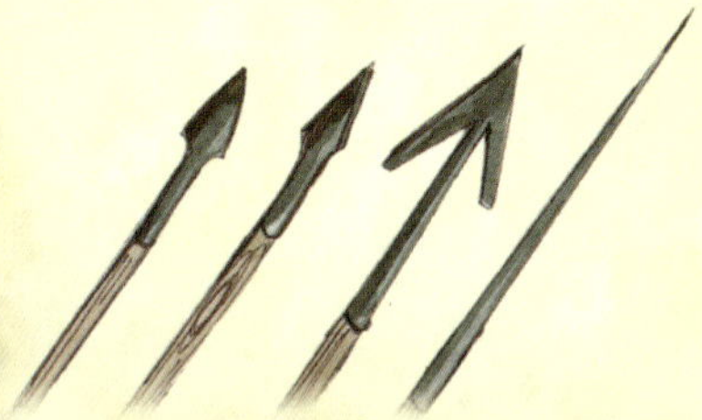

Le hourd

Des constructions de bois, appelées hourds, étaient installées sur les créneaux. Elles permettaient aux assiégés de voir le pied du rempart sans être criblés de flèches. Ils pouvaient également jeter des projectiles sur les assaillants.

Incendie de la mine

Les sapeurs consolidaient le plafond de la mine avec une charpente en bois pour éviter qu'il ne s'effondre. Une fois arrivés sous le rempart, ils badigeonnaient la charpente de graisse de porc pour qu'elle brûle facilement et y mettaient le feu. À mesure que le bois se consumait, le toit de la mine et le sol situé au-dessus s'écroulaient. Parfois, cela suffisait pour qu'un pan du rempart s'effondre.

Le recours à Dieu

Dans les pays chrétiens, les châteaux forts avaient une chapelle. Les très grands châteaux en possédaient souvent deux. Le seigneur et sa famille priaient dans une petite chapelle près de leurs chambres. Aux murs peints, elle était magnifiquement décorée avec ses chandeliers en or, ses crosses voire même ses vitraux. Une autre chapelle plus vaste et plus simple était construite pour les autres.

Le prêtre du château

Les châteaux forts avaient leur propre prêtre qui faisait la messe tous les jours. Les prêtres étaient des hommes importants car ils savaient lire et écrire. Beaucoup de gens à l'époque ne savaient même pas écrire leur nom. La tâche du prêtre était de lire et d'expliquer la Bible aux gens illettrés. Il aidait aussi le seigneur à rédiger ses multiples lettres et documents.

Religion

L'homme du Moyen Âge croit en Dieu. La vie des gens était rythmée par la religion. Le dimanche est le jour du Seigneur, il est interdit de faire la guerre. Avant de devenir chevalier, l'écuyer passait une nuit complète à prier. Ainsi, après l'appel d'Urbain II, 15000 paysans, femmes et enfants partirent en croisade.

Le début de la fin

À Château-Gaillard, la principale chapelle du château était bâtie contre l'enceinte extérieure de la basse-cour. À l'intérieur de cette chapelle, se trouvait une « garde-robe » c'est-à-dire des toilettes. Les excréments de cette garde-robe s'écoulaient par un passage dans la muraille et s'évacuaient à l'extérieur. On raconte qu'un Français serait grimpé par cet accès. Puis, il se serait hissé dans la basse-cour par une fenêtre de la chapelle et aurait baissé le pont-levis à ses troupes.

une profonde mésentente s'était installée entre
près la mort de Richard, Philippe, qui
lument avoir la mainmise sur la
mandie, prétexta que notre roi Jean lui avait
Il décida donc de s'emparer de Château-
forteresse située sur la route de Rouen,
de Normandie.

stions pourtant prêts à lui tenir tête mais
ppe est un guerrier valeureux et habile. Il
pris par surprise. Désormais, il nous
ut notre courage pour tenir bon. Je vais en
à mes hommes.

7

Les engins de siège

On donnait quelquefois des sobriquets aux tours de siège d'énormes dimensions. Pendant le siège de Saint-Jean d'Acre (1189-1191), un trébuchet était appelé Malvoisin, ce qui signifie « mauvais voisin » en vieux français.

L'espoir s'amenuise

Affaiblis par la faim et les maladies, voyant leurs murailles détruites, les hommes de Roger de Lascy savaient leur fin proche.

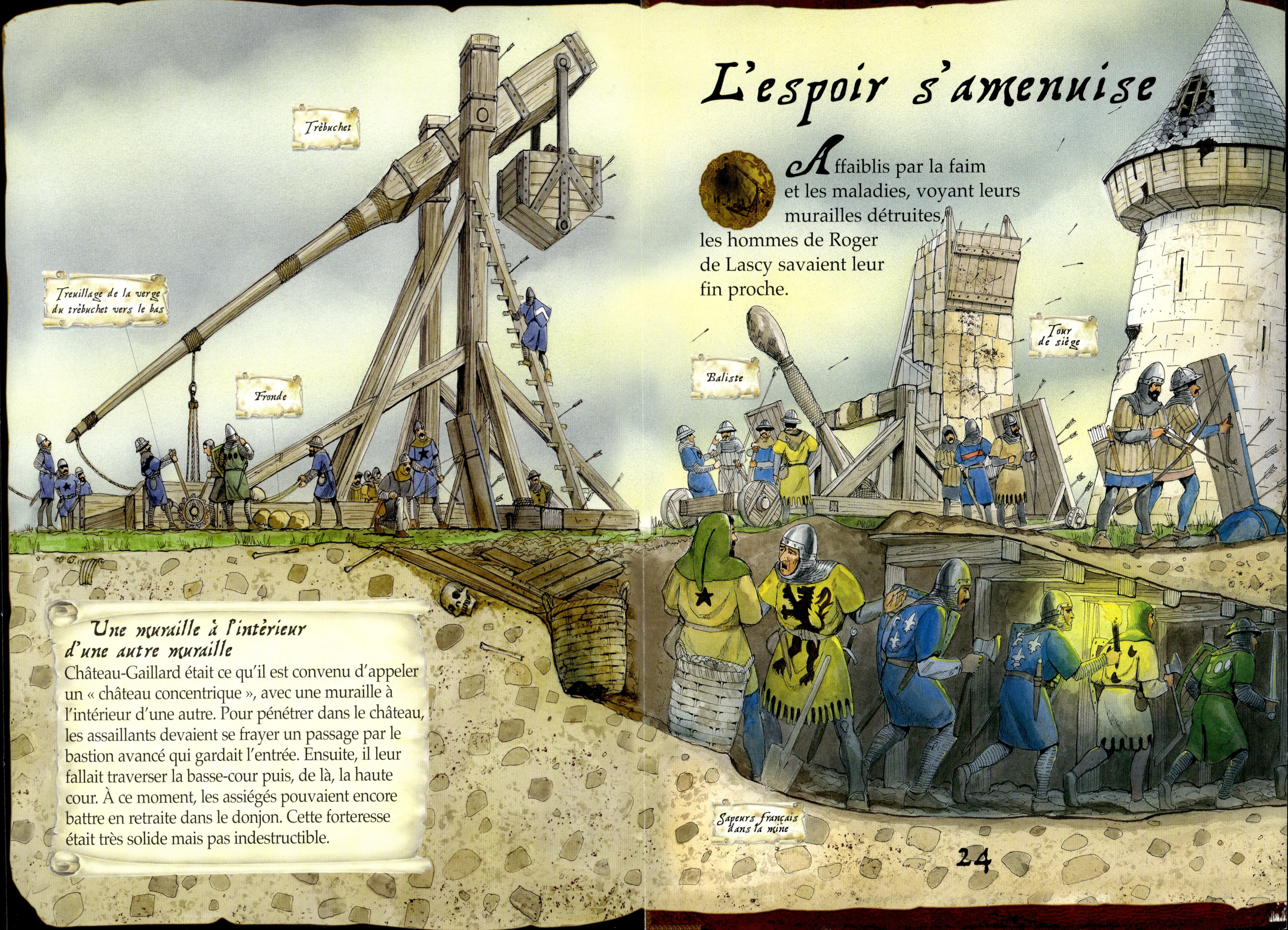

Une muraille à l'intérieur d'une autre muraille

Château-Gaillard était ce qu'il est convenu d'appeler un « château concentrique », avec une muraille à l'intérieur d'une autre. Pour pénétrer dans le château, les assaillants devaient se frayer un passage par le bastion avancé qui gardait l'entrée. Ensuite, il leur fallait traverser la basse-cour puis, de là, la haute cour. À ce moment, les assiégés pouvaient encore battre en retraite dans le donjon. Cette forteresse était très solide mais pas indestructible.

Mars de l'an de grâce 1204

Nous avons fait de notre mieux, mais nous ne pouvons pas tenir plus longtemps. Nos vivres sont quasiment épuisés et mes hommes sont faibles et atteints de nombreuses maladies.

Les sapeurs de Philippe Auguste ont creusé un autre tunnel. Cette fois, nous avons construit une contre-mine de notre côté et nous les avons délogés. Mais nos murailles sont forcément fragilisées par le minage. Le roi Jean doit être au courant de la situation catastrophique que nous endurons, mais on dirait qu'il nous a abandonnés.

Traitements médicaux

Les médecins traitaient les maladies avec des remèdes à base de plantes ou par des saignées. Mais, à l'époque, on ne connaissait pas l'importance de l'hygiène. Les gens mouraient davantage de maladies et de septicémie que de la guerre.

Escaliers à vis

Quand les assaillants parvenaient à pénétrer dans le donjon, ils devaient monter un escalier en spirale appelé à vis ou en hélice. C'était très dangereux car les assiégés les attendaient au-dessus et les frappaient de leurs épées sur le haut du corps.

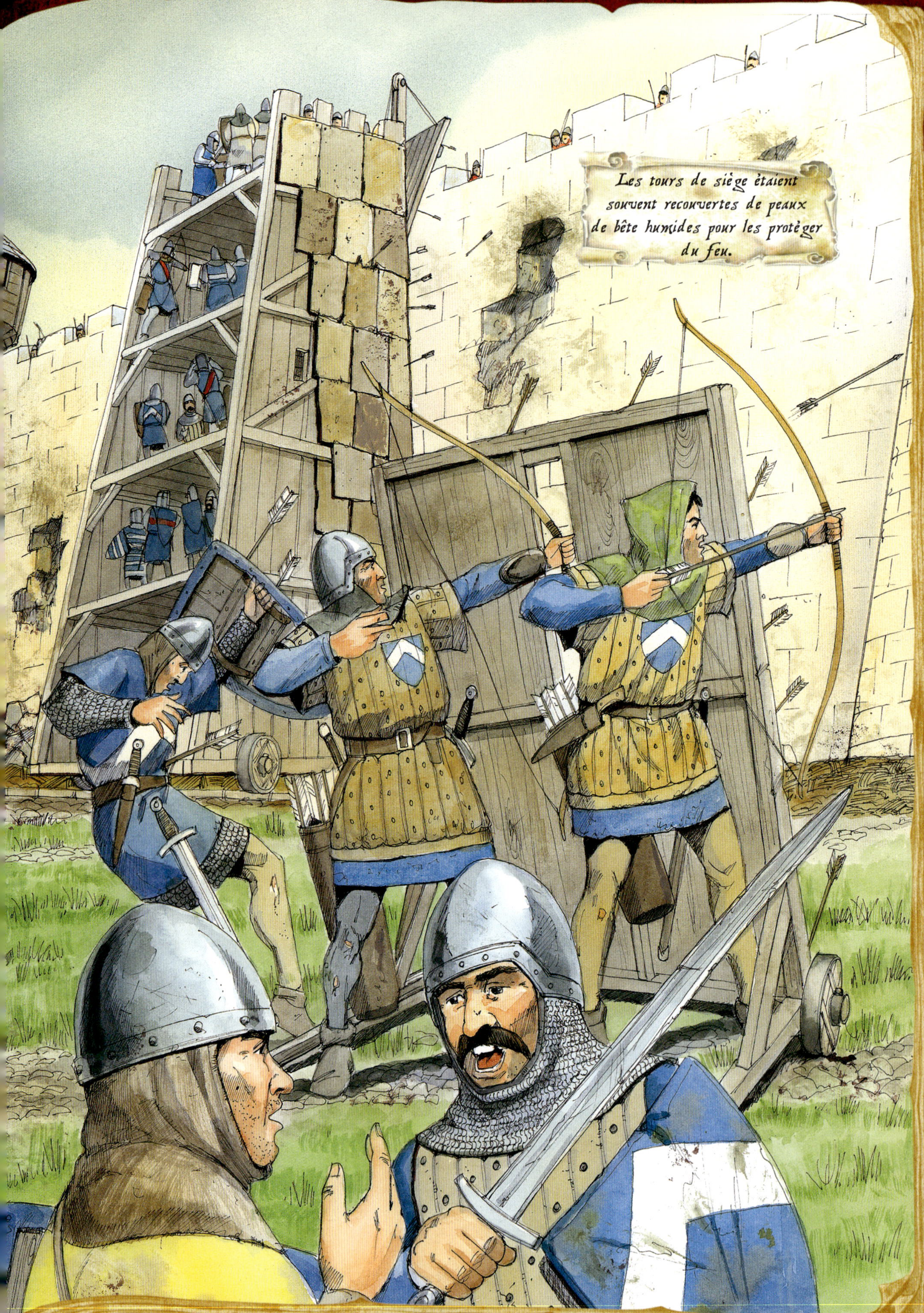

Les tours de siège étaient souvent recouvertes de peaux de bête humides pour les protéger du feu.

Dans la tourmente

De nombreux sièges se terminaient sans combat car les assiégés se rendaient ou les assaillants abandonnaient. Mais parfois, les attaquants parvenaient à percer toutes les défenses adverses et se trouvaient face à face avec les assiégés. Alors, la bataille était féroce et sanglante.

Le 6 mars de l'an de grâce 1204

Tout est fini. Le travail de sape a fragilisé la muraille de la haute cour et, aujourd'hui, les bombardements incessants y ont ouvert une brèche. Mes hommes – ceux qui étaient encore valides et vigoureux – se sont précipités pour la défendre. Mais, dans l'affolement, ils ont oublié les deux tunnels sous la muraille. Les Français, pleins de ruse, ont envoyé des hommes par leur tunnel et notre contre-mine qui le prolonge. Ils sont arrivés dans la haute cour et nous ont attaqués par-derrière. Nous nous sommes bien battus mais nous avons cédé sous le nombre. Nous n'avons même pas réussi à nous réfugier dans le donjon. Nous sommes maintenant prisonniers des Français.

L'armure

À cette époque, l'armure du chevalier était faite d'une cotte de mailles (l'armure de plates est venue plus tard, au 14e siècle). La tête était protégée par des casques qui se présentaient sous deux formes : le casque conique avec un nasal (pièce protégeant le nez) et le grand heaume, plus moderne, qui enveloppait toute la tête et le visage. Les soldats de pied avaient beaucoup moins de protections.

La reddition

Les deux partis adverses savaient que si aucun renfort ne venait au secours des assiégés, les assaillants seraient vainqueurs. Ceci dit, à une seule condition : celle d'attendre suffisamment longtemps.
En effet, le devoir des assiégés était de tenir et de ne pas se rendre avant au moins 40 jours. Après quoi, ils pouvaient le faire en tout honneur. Château-Gaillard a résisté environ six mois, de septembre 1203 (nous ne connaissons pas la date exacte) au 6 mars 1204.

Se rendre ou mourir

Une fois la défaite devenue inévitable, la meilleure chose à faire pour les assiégés était de se rendre. Ils avaient ainsi de grandes chances de sauver leur vie. S'ils combattaient jusqu'à la dernière limite, ils ne bénéficieraient plus d'aucune pitié.

Qu'est-il arrivé ensuite ?

Les vaillants défenseurs de Château-Gaillard ont été épargnés par le roi de France et rançonnés. Le roi Jean a payé 1 000 marcs d'argent pour libérer Roger de Lascy. Avec la défaite de Château-Gaillard, il a perdu la Normandie et presque toutes ses terres en France.

Vocabulaire courant

Arbalète à tour : un engin de siège ressemblant à un arc géant.

Armurier : forgeron qui fabrique les armes et armures.

Baliste : Sorte de grande catapulte.

Basse-cour : espace à l'intérieur du rempart du château. Château-Gaillard avait deux rangées de murailles, formant une cour intérieure (la haute cour) et une cour extérieure (la basse-cour).

Bastion : tour de fortification sur le rempart. Comme on ne pouvait attaquer Château-Gaillard que par un côté, un bastion avancé a été construit pour le protéger.

Chevalier : homme de guerre très entraîné, se battant généralement à cheval et portant une armure.

Courtine : puissant rempart extérieur entourant le château fort, flanqué de tours de défense (les bastions).

Créneau : ouverture à intervalles réguliers au sommet d'un rempart où un chemin de ronde permettait aux assiégés de se défendre.

Donjon : tour principale du château fort. Ce fut le dernier refuge des assiégés.

Douves : fossé profond rempli d'eau, entourant tout ou une partie d'un château fort.

Garde-robe : toilettes médiévaux. Les excréments tombent par une chute pratiquée dans le mur du château fort.

Garnison : troupe de soldats occupant un château pour le défendre des ennemis.

Herse : lourde grille, glissant de haut en bas dans des rainures, fermant la porte d'entrée du château.

Hourd : abri en bois des assiégés, surplombant les créneaux.

Merlon : partie pleine entre deux créneaux sur le rempart.

Minage ou sape : consiste à creuser des tunnels sous les fondations d'une muraille pour la fragiliser et la faire tomber.

Moyen Âge : nom moderne désignant la période située entre 476 et 1492.

Pont-levis : pont mobile situé à l'entrée du château au-dessus des douves, que l'on peut relever ou abaisser.

Rançon : somme payée pour libérer un prisonnier. C'était un usage fréquent en temps de guerre pendant le Moyen Âge.

Serf : personne qui travaillait la terre mais ne la possédait pas. Les serfs n'avaient aucun droit et étaient la propriété du seigneur.

Siège : tentative pour s'emparer d'un château fort ou d'une ville en l'encerclant de troupes afin de les couper complètement du reste du monde.

Trébuchet : engin de siège fonctionnant comme lance-pierre géant. Il est plus grand qu'une baliste et a été construit bien plus tard.

Tranchée : fossé creusé par les soldats pour se protéger de l'ennemi.

Projectile : toutes sortes d'objets lancés comme une arme.

Index